CHÂTEAU DE BULLY

BULLY-SUR-L'ARBRESLE

(Rhône)

ET SES ENVIRONS

NOTICE HISTORIQUE & ARCHÉOLOGIQUE

PAR

A. VACHEZ

AVOCAT, DOCTEUR EN DROIT,
MEMBRE DE L'ACADÉMIE ET DE LA SOCIÉTÉ LITTÉRAIRE
DE LYON

IMPRIMERIE GÉNÉRALE DE LYON

30, Rue Condé, 30

1884

BULLY-SUR-L'ARBRESLE

(RHÔNE)

ET SES ENVIRONS

I. — BULLY

I. Bully. — Etymologie. — Eaux minérales. — Découverte de monnaies antiques. — Station balnéaire a l'époque de la domination romaine. — L'attention publique a été appelée, à juste titre, sur Bully, par la découverte faite récemment, dans cette commune et dans un gracieux vallon, sur les bords de la Turdine, de 53 sources d'eaux minérales, dont neuf sont déjà livrées à l'exploitation et possèdent des propriétés très variées, ce qui permet de les appliquer au traitement des maladies les plus diverses.

Peut-être faut-il attribuer au bouillonnement de ces sources, dont plusieurs sont intermittentes, l'origine du nom latin de Bully (*Bulliacus*), qui est donné à cette localité dans toutes les chartes du moyen-âge.

Mais ce qui ajoute encore à l'intérêt que présente cette découverte, c'est que les recherches auxquelles s'est livré M. Gimaux, propriétaire de ces sources, nous ont appris qu'elles étaient connues déjà à l'époque de la domination romaine. Des restes de deux piscines antiques, un certain nombre de médailles romaines, retrouvées dans les anciens bassins, comblés depuis des siècles, ne laissent subsister aucun doute sur ce point.

Les recherches de l'archéologie moderne et l'interprétation de certains passages, demeurés incompris jusqu'à ce jour, de plusieurs auteurs classiques, Suétone, Sénèque et Pline le jeune, nous ont appris, en effet, que les Romains étaient dans l'usage, quand ils avaient éprouvé l'efficacité des eaux thermales ou minérales, de jeter dans les sources quelque offrande, en témoignage ·de leur reconnaissance envers la nymphe des eaux. Cette sorte d'*ex-voto*, qui portait le nom de *stipis*, variait suivant la condition et la fortune des malades. L'homme riche offrait des statuettes en métal précieux, ou des vases d'argent, de bronze ou de cuivre, exécutés souvent avec un art parfait et de la forme la plus élégante. Tels sont, notamment, les célèbres Vases Apollinaires retrouvés, de nos jours, à Vicarello, près de Rome. Mais, le plus souvent, l'hommage rendu à la divinité des eaux consistait en monnaies d'or, d'argent ou de bronze.

C'est la découverte de semblables monnaies qui nous a appris que la station balnéaire de Cousan, en Forez, était fréquentée déjà du temps des Romains. Il en a été de même à Bully. Des vingt-huit monnaies antiques retrouvées dans cette dernière localité, six étaient en or. Malheureusement, ces dernières se trouvant actuellement entre les mains de curieux, auxquels elles ont été offertes ou communiquées, n'ont pu, pour cette cause, être mises sous nos yeux. Mais il nous a été possible de classer les vingt-deux monnaies de bronze, conservées par M. Gimaux, et voici la nomenclature des pièces dont se compose cette collection :

1 Tibère (14-37 de J.-C.). Petit bronze fort effacé, avec le revers de l'autel d'Auguste à Lyon.

1 Domitien (81-96). Grand bronze.

1 Trajan (98-117), id.

2 Antonin le Pieux (138-161), id.

1 Verus, collègue de Marc-Aurèle (161-169). Petit bronze.

1 Caracalla (211-217), id.

1 Héliogabale (218-222), id.

1 Alexandre Sévère (222-235). Moyen bronze.

2 Julia Mamea, sa mère, morte en 235. Petit bronze.

1 Maximin (235-238), id.

1 Postume, empereur des Gaules (258-267). Petit bronze.

1 Gallien (260-269), id.

2 Claude II (268-270). Petit bronze. L'une de ces médailles, frappée en Gaule, après la mort de ce prince et à l'occasion de son apothéose, porte au revers un autel, avec l'exergue : *Consecratio*.

1 Aurélien, portant au revers l'effigie de Vaballath, fils de la reine Zénobie, comme si ces deux princes eussent été deux collègues. Cette médaille, fort curieuse, fut frappée à Alexandrie d'Egypte, en 272, pendant que les troupes de cette reine occupaient la Basse-Egypte,

et comme elle n'avait pas cours en Gaule, il faut supposer naturellement qu'elle a été apportée à Bully par quelque légionnaire ayant fait la campagne d'Egypte. (Petit bronze fort épais.)

1 Dioclétien (284-305). Petit bronze.

1 Petit bronze, portant sur la face l'effigie de la déesse Rome, et au revers la louve avec les deux jumeaux, Rémus et Romulus. Monnaie frappée sous Constantin (306-337).

1 Magnence, empereur d'Occident (350-353). Petit bronze.

1 Decentius, frère du précédent (351-353). Petit bronze frappé à Lyon.

1 Valentinien Ier (364-375). Petit bronze.

La série de ces monnaies s'arrête ainsi à la veille de l'invasion des barbares. Les désastres qui suivirent cette invasion, ne laissèrent plus de place au luxe et au bien-être. Aussi toutes les stations d'eaux furent-elles abandonnées, et leurs sources si bien oubliées dès cette époque, que les plus connues de nos jours n'ont été retrouvées et employées au soulagement des souffrances qui affligent l'humanité, qu'à compter du XVIe siècle. Il ne faut donc pas s'étonner qu'aucun souvenir historique n'ait pu servir à faire connaître l'existence des eaux de Bully, dont la découverte récente est due tout entière à l'observation attentive et éclairée du propriétaire de ces sources, qui eurent, paraît-il, leur heure de célébrité et de faveur, à une époque où la civilisation romaine avait pénétré profondément les habitudes sociales de nos pères.

II. — Bully au moyen-age. — La voie française. — Possessions de l'abbaye de Savigny, a Bully, aux Xe et XIe siècles. — Mais si les eaux de Bully cessèrent d'être fréquentées pendant la longue période qui s'étend du commencement du IVe siècle jusqu'à nos jours, une œuvre essentiellement romaine continua de subsister sur le territoire de cette localité. C'est la voie antique de Lyon à Roanne, à laquelle les plus anciens documents du moyen-âge donnent le nom de *voie française, via francisca,* soit parce qu'elle conduisait dans l'Ile de France, soit parce que le territoire qu'elle traversait ne fut jamais compris dans les limites de l'Empire. L'existence de cette route au moyen-âge est constatée, à Bully, dans diverses localités portant, dans les chartes et les anciens terriers, le nom de la *Roa* de Bully, des Chazaulx, des Plasses, de l'Erdilly ou Radilleu, de la Rustia, et enfin, au lieu bien connu du Trève, où cette voie se bifurquait, la branche septentrionale se dirigeant vers Saint-Clément-de-Valsonne, pendant que la branche méridionale continuait à remonter la rive gauche de la Turdine, dans la direction de Tarare.

Dès le commencement du Xe siècle, l'abbaye de Savigny possédait de nombreuses terres sur le territoire de Bully. Au mois de septembre 919, l'abbé de ce monastère donne ainsi la jouissance viagère d'une vigne située dans cette localité, à Guichard, à son épouse Vuandalmode et à leur fils Déodat, en retour des libéralités que ces derniers avaient faites à l'abbaye, et à la charge de payer un cens de 10 sous, le jour de la fête de saint Martin.

L'abbaye de l'Ile-Barbe avait aussi des possessions importantes à Bully, notamment un domaine, cultivé par des colons, situé à Apinost *(Apinacus)*, et un curtil, jardin clos de murs, avec un verger, une vigne et une terre labourable situés près du village de Bully.

Les terres, vignes, champs et bois dépendant de ces domaines s'étendaient, d'un côté, jusqu'à une localité *(villa)* appelée Versennay *(Versennacus)*, et de l'autre, jusqu'à la Turdine et aux limites du domaine de Talaru, à Saint-Forgeux. Mais, par suite de convenances réciproques, toutes ces terres furent cédées, en 985, à Hugues, abbé de Savigny, par Heldebert, abbé de l'Ile-Barbe, qui reçut en échange d'autres terres plus rapprochées de ce dernier monastère.

Enfin, en l'année 1030, la donation faite à Savigny, par Milon de Colombelle, d'un autre domaine situé à Bully, vint encore accroître les possessions de la puissante abbaye dans cette localité.

III. — La famille chevaleresque de Bully. — Ses armoiries. — Itier de Bully. — Donation a Savigny. — Achard et Hugues de Bully a la première croisade. — Mais dès cette époque était établie à Bully une ancienne famille chevaleresque qui, suivant l'usage d'alors, avait pris le nom de son fief et dont les armes : *losangé d'or et d'azur*, figurent en tête de cette notice. Itier de Bully, son plus ancien représentant connu, apparaît pour la première fois, comme témoin, dans une charte portant la date du 19 septembre 1064 et renfermant une donation, que firent à Savigny Falque d'Oingt et son épouse Adalasie, du tiers de l'église de

Marcy-sur-Anse, dédiée à saint Bonnet, et du tiers d'une forêt appelée Ardenne.

Itier de Bully figure encore comme témoin dans une autre charte de l'an 1070, contenant un accord entre Dalmace, abbé de Savigny, et le même Falque d'Oingt.

La même année, Itier fit lui-même, avec l'abbé de ce monastère, un traité par lequel il fut convenu qu'il ne percevrait, à l'avenir, à Apinost, sur chacun des curtils appartenant au monastère, aucun autre cens qu'un cochon de lait, valant 6 deniers, avec une émine de vin, la moitié d'un quartal de blé et une poule, le tout payable au commencement du Carême.

Itier de Bully eut quatre fils : Achard, Hugues, Guillaume et Guy. Ce dernier fut reçu moine dans l'abbaye de Savigny. Et ce fut à cette occasion et en vue de sa fin prochaine, qu'à une date qui n'est pas très précise, mais qui doit se placer à la fin du XIe siècle, Itier fit donation à ce monastère, non seulement du cimetière de Bully, qui était situé entre son château et l'église, mais encore de toutes les terres qu'il possédait entre la Loire, l'Azergues et la Saône, dans le cas où ses trois fils laïques viendraient à mourir sans postérité.

Cette donation, qui comprenait aussi l'église de Bully, avec les dîmes et les terres en dépendant, fut approuvée par les quatre fils d'Itier. Guy, le plus jeune, qui était clerc et qui tenait cette église en fief de son père, en fit remise lui-même à Savigny, au moment où il fut reçu moine dans ce monastère.

Peu de temps après (1100), Hugues, archevêque de Lyon, et les chanoines de son église confirmèrent, de leur côté, la donation, faite à l'abbaye, de l'église de Saint-Polycarpe de Bully.

Après la mort d'Itier de Bully, ses fils ratifièrent de nouveau la libéralité faite par leur père. Deux d'entre eux, Achard et Hugues, prirent part à la première croisade et moururent en Terre sainte. Le troisième, Guillaume, mourut à son tour, sans postérité. Le quatrième, Guy, moine de Savigny, ayant survécu seul à ses trois frères, le monastère put se croire paisible possesseur des biens données par Itier de Bully. Mais c'est alors, au contraire, que ses droits allaient être l'objet d'incessantes et longues contestations.

IV. Etienne de Varennes. — Différend avec l'abbé de Savigny. — Construction de la forteresse du Péage. — Actes de violence. — Destruction du Péage. — D'un second mariage, contracté avec une femme répudiée par son mari, Itier de Bully avait eu une fille qui, après la mort de son père, fut épousée par Etienne de Varennes, possesseur du fief de ce nom, situé sur le territoire de la commune actuelle de Saint-Romain-de-Popey. A peine le dernier des fils d'Itier, Guillaume de Bully, était-il mort que, se prévalant des droits fort contestables de sa femme, dont la naissance pouvait être considérée comme entachée d'illégitimité, Etienne de Varennes réclama au monastère toutes les terres qui lui avaient été données par Itier de Bully. Il s'empara même de vive force des biens donnés.

Pour mettre un terme à cette difficulté, Ponce, abbé de Savigny, consentit, par amour de la paix et malgré l'opposition des moines, à abandonner à Etienne trois parts de cet héritage, notamment le cimetière de Bully, ne se réservant que la quatrième part, sur laquelle Guy de Bully, moine de l'abbaye, avait des droits incontestables.

Mais cette concession ne put satisfaire Etienne de Varennes. Non seulement il contraignit le fermier de cette quatrième part de lui rendre hommage, mais il prit ouvertement possession des biens qui la composaient. Il fit plus encore. Son père, Gausmar de Varennes, avait fait construire, sur la rive droite de la Turdine, une maison pour abriter ses troupeaux. Etienne en fit une véritable forteresse, en l'entourant d'une palissade et d'un fossé, et en la flanquant de tours en bois, munies de meurtrières. Et comme cette forteresse était située sur le bord du chemin de Bully à Savigny, il s'en servit pour prélever sur les passants des droits de péage, qui firent donner à cette construction militaire le nom de Péage, qu'elle porte encore aujourd'hui.

Etienne fut cité devant la justice de l'abbaye, pour rendre compte de ces vexations et de ces actes de violence. La sentence qui intervint, ordonna qu'il livrerait à l'abbé la possession de sa forteresse du Péage pour être démolie, et que, dans le cimetière de Bully, qu'Etienne détenait injustement, il serait ouvert un chemin pour le chapelain de l'église.

Après avoir refusé pendant longtemps de se soumettre à cette sentence, Etienne livra enfin la maison fortifiée du Péage à l'abbé Ponce. Mais quand ce dernier essaya de faire ouvrir le chemin convenu dans le cimetière de Bully, Etienne chassa les travailleurs. Puis il reprit possession du Péage, en expulsa les hommes de l'abbé, et ravagea impitoyablement les terres du monastère. Il envahit même un oratoire où vivaient six religieux, qu'il chassa de leur retraite.

Pour mettre un terme à ces excès, l'abbé de Savigny sollicita l'intervention de Josserand, archevêque de Lyon. Ce prélat se fit livrer des otages par les deux parties, et ordonna à Etienne de Varennes de comparaître devant la justice pour répondre de ses méfaits. Le tribunal ordonna que le Péage serait remis provisoirement aux mains de l'abbé, en attendant qu'on pût examiner les autres points du différend.

Mais une partie de la forteresse seulement fut remise à l'abbaye. Etienne de Varennes y resta avec sa famille et ses hommes d'armes et, chaque jour, les serviteurs du monastère furent exposés à ses provocations et à ses menaces. L'abbé Ponce adressa de nouveau ses plaintes à l'archevêque. Mais comme ce prélat tardait de lui rendre justice, et que la garde du Péage devenait onéreuse pour l'abbaye, Ponce, sur le conseil et avec l'aide de ses amis, fit démolir la forteresse.

V. EXCOMMUNICATION DE L'ABBAYE DE SAVIGNY PAR L'ARCHEVÊQUE DE LYON. — INTERVENTION DU PAPE PASCAL II. — FIN DU DIFFÉREND. — L'archevêque de Lyon, vivement irrité qu'on eût procédé à cet acte de violence sans l'en prévenir, excommunia l'abbé Ponce et ses religieux, et jeta l'interdit sur toutes les églises du diocèse qui dépendaient de l'abbaye. En outre, il retint les otages livrés par cette dernière, pour la contraindre ainsi à rétablir le château démoli, que la charte appelle une caverne de voleurs.

L'abbaye de Savigny, frappée de la peine redoutable de l'excommunication, qui, dans cette circonstance, dépassait incontestablement la mesure, fit appel de cette sentence canonique auprès du pape Pascal II. Mais comme ce recours pouvait subir de longs retards, Bernard, évêque de Mâcon, Bérard, son archidiacre, Guichard de Beaujeu et Guy d'Oingt intervinrent pour amener un accord entre les deux parties.

Par cet arbitrage, il fut décidé que, provisoirement et en attendant la sentence du Pape, le cimetière de Bully serait restitué à l'abbaye, que cette dernière serait remise en possession de la forteresse du Péage, et que la reconnaissance des droits réclamés par Etienne de Varennes, demeurait subordonnée à certaines justifications qu'il serait tenu de fournir. En outre, Etienne devait renoncer au péage qu'il avait établi et même était obligé de restituer les sommes qu'il avait ainsi perçues indûment. Enfin, tous les travaux de fortification exécutés depuis que Gausmar, père d'Etienne de Varennes, avait fait hommage à Savigny, devait être détruits, sans pouvoir être jamais rétablis.

Quand le pape Pascal II put enfin intervenir dans le débat, il n'eut plus qu'à confirmer cet accord. Dans une bulle adressée, en 1117, aux chanoines de l'Eglise de Lyon, pendant la vacance du siège archiépiscopal par la mort de l'archevêque Josserand, le pontife proclama que la tradition des otages était contraire à l'esprit de l'Eglise et que la destruction du château du Péage avait été exécutée justement par l'abbé de Savigny. Il défendit que ce château, ou tout autre, pût être élevé à l'avenir au préjudice de l'abbaye. Ordre fut donné à l'Eglise de Lyon de rendre les otages qui lui avaient été livrés par cette dernière. L'interdiction jetée sur les églises dépendant de Savigny, fut déclarée injuste et levée. Le cimetière de Bully fut restitué au monastère, libre de toute charge ou redevance, et tel qu'il lui avait été donné par l'Eglise de Lyon. Enfin le Pape ordonna qu'Etienne de Varennes serait tenu d'exécuter l'accord ménagé par les soins de l'évêque de Mâcon et des autres personnages désignés plus haut, sous peine des condamnations canoniques.

Ainsi fut terminé enfin ce long débat qui jette un jour particulier sur les mœurs et les habitudes sociales de cette époque.

VI. Derniers représentants de la famille de Bully. — La famille de Varennes. — Ses principales possessions. — Si la descendance directe d'Itier de Bully s'éteignit avec ses quatre fils, morts sans postérité, cette famille subsista encore, pendant plusieurs siècles, dans ses branches collatérales. Nous voyons ainsi Pierre de Bully figurer, comme témoin, dans une charte de l'an 1121. Ainsi encore, au mois de novembre 1256, Hugues de Bully, damoiseau, se rend caution de l'exécution d'une cession consentie au prieur de Chazay, par Humbert de Bues, chevalier, de toutes les terres, droits et redevances que ce dernier possédait à Marcilly. Enfin, Guillaume de Bully figure encore au nombre des moines de l'Ile-Barbe, entre les années 1468 et 1502.

Quant à Etienne de Varennes, il n'en est plus fait aucune mention, après la solution des longues difficultés qu'il avait eues, avec l'abbaye de Savigny. Mais ses descendants demeurèrent pendant de longues années en possession de la seigneurie de Bully, aussi bien que des terres de Varennes, d'Avauges, de Saint-Romain-de-Popey, d'Ancy et de Persange. Il en fut de même du fief de Sandars, près de Châtillon-d'Azergues. Jean de Varennes rendit ainsi foi et hommage, en 1294, à Guy et Guillaume d'Albon, seigneurs de Châtillon, pour la maison de Sandars et ses appartenances, et tout ce qu'il possédait depuis le cours de l'Azergues jusqu'au pont d'Alay. Il reconnut, en même temps, tenir en franc fief ce qu'il possédait dans les paroisses de Saint-Romain-de-Popey, Ancy et Persange, dont il rendit aussi hommage aux frères d'Albon.

Nous retrouvons pareillement la famille de Varennes en possession du château de Courbeville, à Chessy, et de celui de Rapetour, à Theizé.

Enfin, divers documents nous apprennent que cette famille avait sa sépulture dans le cloître de l'abbaye de Savigny.

VII. Les familles de Jarolles, de Rosset et Amyot. — Au commencement du XVe siècle, la seigneurie de Bully avait cessé d'appartenir aux de Varennes, pour passer aux mains de la famille de Jarolles, originaire de Valsonne, en Lyonnais. Jean Jarolles, damoiseau, hérita ainsi, à cette époque, de la terre de la Grange et de celle de Bully, de son neveu, aussi nommé Jean Jarolles et mort sans postérité. (AUBRET, II, 420.)

Comment Bully tomba-t-il ensuite en la possession du seigneur de Beaujeu ? Nous l'ignorons. Ce qui est certain, c'est qu'en 1437, cette terre fut donnée, avec celles d'Arbain et de Marzé, par Louis II, duc de Bourbon, souverain de Dombes et seigneur de Beaujolais, à la famille de Rosset.

Cette dernière famille était une des plus anciennes du Lyonnais, car on constate son existence dès le milieu du XIIe siècle, époque à laquelle Girin de Rosset apparaît comme témoin dans une charte de 1134. Dès le commencement du XIVe siècle elle était possessionnée dans le Beaujolais. En 1315, Antoine de Rosset, seigneur de Toiry, ayant été fait prisonnier dans une expédition contre les Turcs, Jeannette d'Amanzé, son épouse, emprunta 2,800 florins d'un bourgeois de Villefranche, pour payer sa rançon.

La famille de Rosset a fourni un religieux à l'abbaye de l'Ile-Barbe, Philibert Rosset (1500). Indépendamment des seigneuries de Bully et de Marzé, elle a possédé encore Portebœuf, aujourd'hui Montgré (Gleizé), la Chartonière (Ouilly), Arbain (Arnas), dans le Beaujolais, et, dans la Dombes, Chaneins et Amareins. Cette famille existait encore à la fin du XVIIe siècle.

Mais, dès la fin du siècle précédent, la seigneurie de Bully était possédée par les Amyot, famille consulaire de Lyon. Clément Amyot était, en effet, conseiller de ville en 1531 et 1532. Son fils, Antoine Amyot, fut custode de l'église Sainte-Croix pendant quarante ans, et l'histoire a conservé le souvenir de sa piété et de sa vertu. Ce fut lui qui fut député, en 1582, avec le Père Emond Auger et Claude de Rubys, pour aller remplir le vœu solennel fait à Notre-Dame de Lorette, pendant la peste qui désola, en cette même année, la ville de

Lyon. Enfin, Claude Amyot, seigneur de Chambray, fut lieutenant de la compagnie du duc de Nemours sous Henri IV.

André Amyot, chevalier, baron d'Albigny, seigneur de Bully, de la Mollière, Layel, Montroman, la Roue, Chambray et Vaumas, conseiller d'Etat en France et conseiller au Conseil de Dombes, fut nommé, en 1650, maître des requêtes au Parlement de Dombes, fonctions qu'il remplit jusqu'à sa mort, arrivée en 1666.

De son mariage avec Antoinette de Bonnay-Vaumair il laissa deux enfants : un fils, nommé François-Olivier, qui mourut jeune, et une fille, Geneviève, qui fut mariée, en 1663, à Daniel Cholier, auquel elle apporta, entre autres terres, la seigneurie de Bully.

VIII. Les Cholier de Cibeins. — Le chateau de Bully. — Daniel Cholier appartenait à l'une des plus anciennes familles de la Dombes ; il était fils de Pierre Cholier, échevin de Lyon en 1647, et conseiller en la sénéchaussée et siége présidial de cette ville. Lui-même remplit les mêmes fonctions pendant plusieurs années. Mais, à la suite de l'opposition qu'il fit à l'exécution d'un édit qui établissait de nouvelles taxes dans la ville de Lyon, il fut exilé, en 1673, au port de Pilles-sur-Loire. Il résigna sa charge de conseiller en faveur de son fils, Pierre Cholier, en 1689, et mourut le 28 novembre 1700.

De son mariage avec Geneviève Amyot, Daniel Cholier laissa neuf enfants. Pierre, son fils aîné, qui lui succéda dans la possession des seigneuries d'Albigny, de Bully, du Breuil, Layel, Montroman en Lyonnais, et de Mizérieux et Sainte-Euphémie en Dombes, joua un grand rôle pendant le cours de sa longue existence.

Après avoir été nommé, en 1689, comme nous venons de le dire, conseiller en la sénéchaussée et présidial de Lyon, il devint, la même année, premier conseiller, lieutenant particulier et assesseur criminel aux mêmes siéges, et enfin président de la Chambre de santé en la ville de Lyon, et le zèle avec lequel il remplit ces dernières fonctions lui mérita les éloges du roi Louis XIV.

En 1699, il fut nommé l'un des juges syndics et députés généraux de la Chambre souveraine du clergé de France, syndic de la noblesse de Dombes et assesseur de la juridiction primatiale de Lyon.

En 1705, il fut élevé aux fonctions de président de la Cour des Monnaies, qui venait d'être créée par le roi.

En 1709, il fut envoyé, en qualité de commissaire de Sa Majesté, dans la généralité de Riom, pour mettre un terme aux troubles occasionnés par la disette et la cherté des grains.

De 1716 à 1723, Pierre de Cholier remplit, avec la plus haute distinction, les fonctions de prévôt des marchands de la ville de Lyon. Il dut même remplacer, en cette qualité, le maréchal de Villeroy, gouverneur de cette ville, pendant les moments les plus difficiles. Non seulement il apaisa, par son énergique fermeté, une émeute causée par les désordres financiers de la régence, mais il sut encore sauver Lyon des désastres subis ailleurs par la chute du système de Law, et prévenir l'introduction de la peste qui désolait Marseille.

C'est pendant son administration que furent élevées les façades de Bellecour, où il fit bâtir un hôtel que sa famille habita jusqu'à la Révolution. C'est aussi de son temps que la terre de Cibeins, en Dombes, fut érigée en titre de comté, par lettres patentes du 10 juin 1721. Enfin, après avoir été nommé, en 1729, conseiller d'honneur au Parlement de Dombes, Pierre de Cholier, comte de Cibeins, mourut en 1738.

Il avait épousé, en 1694, Marie-Anne Baronnat, dont les ancêtres avaient exploité, au XVe siècle, avec Jacques Cœur, les mines de Chessy, de Joux et de Sain-Bel. Il en eut six enfants, cinq filles et un fils, qui lui survécurent.

Son fils, Louis-Hector de Cholier, comte de Cibeins, baron d'Albigny et seigneur de Bully, Montroman et autres places, naquit en 1707 et eut pour parrain le maréchal de Villars. Il fut président à la Cour des Monnaies, sénéchaussée et présidial de Lyon, lieutenant particulier, assesseur criminel, et l'un des juges de la Chambre souveraine du clergé. Il rendit hommage, le 23 juin 1741, pour le château, terre et seigneurie de Bully et leurs dépendances, en même temps que pour la seigneurie de Montroman et une rente noble avec dîme à Chambost.

Louis-Hector de Cholier mourut encore jeune, en 1757. Après sa mort, et le 6 décembre 1758, Louis-Joseph Baroud, avocat au Parlement, rendit foi et hommage pour les fiefs et seigneuries de Bully et de Montroman, en qualité de tuteur datif de ses enfants mineurs.

Louis-Hector de Cholier de Cibeins avait épousé, en premières noces, Marie-Jeanne Hesseler, fille de Barthélemy-Joseph Hesseler, baron de Bagnols et de Marzé, seigneur du Bois-d'Oingt, conseiller d'honneur en la Cour des Monnaies, et de Marguerite Pupil de Cuzieu.

Cette première épouse étant morte sans enfants, il contracta, en 1741, un second mariage avec Antoinette Planelli, fille de Jean-Baptiste Planelli-Mascranni, chevalier, seigneur de la Valette, Charly, Vernaison, du Vivier et Montagneux, et de dame Claudine de Serre.

De ce second mariage il lui naquit cinq enfants. Son second fils, Laurent-Gabriel-Hector de Cholier, né en 1750, lui succéda dans la possession des terres de Cibeins, d'Albigny, de Bully, le Breuil, Layel, Montroman. la Moche, Mizérieux, Sainte-Euphémie et autres places.

Il rendit ainsi hommage, le 20 décembre 1776, pour la terre de Bully, dont il fut le dernier seigneur. Entré jeune aux mousquetaires, il fut d'abord capitaine commandant dans le régiment de cette arme. Il était parvenu au grade de premier chef d'escadron, quand survint la Révolution. Mais, effrayé des excès et de l'anarchie dont il fut témoin, il quitta l'armée le 10 mai 1792 et se retira à Lyon, où il se distingua pendant le siége que subit cette ville en 1793.

Quand Lyon tomba au pouvoir de l'armée révolutionnaire, Laurent-Gabriel-Hector de Cibeins put échapper aux vengeances de la Convention. Mais Couthon se souvint de la valeur qu'il avait déployée contre les assiégeants, en commençant par son hôtel la démolition des façades de Bellecour.

Sous la Restauration, le comte de Cibeins venait d'être nommé par le roi colonel de cavalerie et chevalier de Saint-Louis, quand il mourut, en 1815.

De nos jours, le château de Bully a été possédé, pendant d'assez longues années, par M. Génissieux. Après la mort de ce dernier, il a été acquis, depuis un an environ, par M. Gilet, teinturier à Lyon.

Ce château n'est plus l'ancienne forteresse féodale du xie siècle, bâtie par les premiers seigneurs de Bully, à une époque de guerres incessantes, où tout était organisé pour la défense et contre les surprises d'un ennemi toujours possible. Sa construction paraît remonter seulement au commencement du xvie siècle. C'est un simple corps de bâtiment carré, à trois étages, flanqué aux quatre angles d'échauguettes cylindriques, couronnées d'un toit en forme de cône. Il offre ainsi une certaine ressemblance avec le château de Bienassis, près de Crémieu (Isère). Une tour octogonale, engagée au milieu de la façade, renferme l'escalier qui dessert les divers étages, et qui est éclairé par d'étroites fenêtres, ornées de moulures et d'arcades en accolades.

C'est dans cette tour-escalier que s'ouvre l'ancienne porte d'entrée, surmontée d'un arc ogival et commandée par un moucharabis, placé à la hauteur du troisième étage. Malheureusement, cette partie du monument a seule échappé aux transformations qu'a subies le château de Bully, à un moment où l'architecture du moyen-âge était encore incomprise et trop méprisée. L'ouverture d'une large porte au rez-de-chaussée et de grandes fenêtres, à tous les étages, a presque complètement enlevé à cet édifice son caractère architectural. Mais l'intérêt qui s'attache à ce monument historique nous permet d'espérer qu'une restauration intelligente le rétablira, un jour, tel qu'il fut élevé au xvie siècle.

II. — LES ENVIRONS DE BULLY

ARBRESLE (l'). (4 kil. 700ᵐ.) — Situé sur la route de Lyon à Roanne, qui remonte à l'époque de la domination romaine, l'Arbresle avait sans doute déjà une certaine importance, quand, vers l'année 1060, Dalmace, abbé de Savigny, fit construire son château pour mettre le pays à l'abri des dévastations commises par quelques seigneurs voisins. Ce château, qui occupait tout le sommet de l'éminence au pied de laquelle se réunissent la Brevenne et la Turdine, était flanqué de cinq tours, dont trois subsistent encore en tout ou en partie. Le donjon, qui commande la porte d'entrée, au sud-ouest, a gardé jusqu'à nos jours sa couronne de machicoulis. Un autre mur d'enceinte, dans lequel s'ouvraient quatre portes, enveloppa le bourg, qui devint, en quelque sorte, la place d'armes de l'abbaye de Savigny et joua un rôle important au moyen-âge. Là se réunissaient tous les vassaux tenus au service militaire envers l'abbaye. Là, encore, plus d'une famille noble de la contrée établit sa demeure, ce qui nous explique le grand nombre d'écussons armoriés que l'on remarque aux façades des maisons de cette petite ville.

L'église, construite au xvᵉ siècle, dans le style de la dernière période de l'architecture ogivale, est un monument digne d'intérêt. On y remarque de beaux vitraux de la fin du xvᵉ siècle. La belle verrière du fond de l'abside fut donnée à cette église, en l'année 1500, par André d'Espinay, archevêque de Lyon, dont elle porte les armoiries. Il subsiste encore, à l'entrée de la ville, du côté de la gare du chemin de fer, une ancienne chapelle du xivᵉ siècle, dédiée à sainte Madeleine, et qui était une dépendance de l'hospice, servant autrefois au logement des pauvres et des voyageurs attardés.

Avauges. (6 kil.) — La terre d'Avauges, à Saint-Romain-de-Popey, fut possédée, à l'origine, par la famille de Varennes, qui avait emprunté son nom à un fief voisin. Etienne de Varennes, son premier possesseur connu, vivait en 1274. Elle passa ensuite à la maison de Varey, ancienne et puissante famille consulaire de Lyon, qui joua un grand rôle dans les annales de cette ville. Après Guillaume de Varey, qui était seigneur d'Avauges en 1334, nous trouvons Ennemond de Varey, qui, indépendamment de la terre d'Avauges, possédait aussi la coseigneurie de Châtillon-d'Azergues en 1395. Jean de Varey, son fils, lui succéda dans la possession de ces deux terres. Enfin, en 1553, François de Varey transmit Avauges, par donation, à Guillaume d'Albon, dont les descendants l'ont possédé, sans interruption, jusqu'à ce jour.

Bagnols. (11 kil.) — Le château de Bagnols se compose d'un vaste corps de bâtiment flanqué de deux grosses tours rondes. Sa construction a été attribuée parfois au maréchal de Saint-André. Mais c'est là une erreur ; jamais ce dernier n'a possédé la terre de Bagnols, qui appartenait, de son temps, à Jean Camus, ancien échevin de Lyon. Il fut élevé, au xiiie siècle, par Guichard d'Oingt, seigneur de Châtillon-d'Azergues, qui le transmit à ses descendants, avec cette dernière seigneurie. Toutefois, les mâchicoulis qui couronnent sa façade, sont une addition dn xive siècle.

Bagnols fut possédé successivement par les sires d'Oingt, les d'Albon, les Balzac et les Camus, et son histoire se confond, pendant plus de quatre siècles, avec celle de Châtillon-d'Azergues.Des Camus il passa, au xviie siècle, à François Dugué, intendant de Lyon, dont la fille épousa M. de Coulanges, cousin de Mme de Sévigné. Cette dernière séjourna même quelque temps, en 1672 et 1673, au château de Bagnols, où l'on montre encore la chambre de l'illustre visiteuse. Au commencement du xviiie siècle, Barthélemy-Joseph Hesseler succéda aux Dugué dans la possession de Bagnols. Sa fille, Anne Hesseler, l'apporta en dot à Jean-Baptiste-Louis Croppet de Varissan. De cette famille, il passa en celle de Montbellet de Saint-Try, qui le possédait en 1789. Actuellement, le château de Bagnols appartient à M. du Chevalard, ancien préfet.

CHATILLON-D'AZERGUES. (7 kil.) — Malgré son état de ruine, le château de Châtillon-d'Azergues est le monument le plus remarquable de l'architecture militaire du moyen-âge, que possède l'ancienne province du Lyonnais. La partie la plus ancienne de l'édifice, qui fait face à la chapelle, remonte tout au moins au xiie siècle. Au siècle suivant fut élevé le donjon, de forme cylindrique, qui occupe l'angle occidental du château primitif. A la suite se trouvaient les bâtiments d'habitation, construits au xv⁰ siècle, et dont les belles fenêtres à croisillons s'ouvrent sur la vallée de l'Azergues.

Ce château était possédé, au xiᵉ siècle, par la famille de Châtillon, qui lui emprunta son nom. Au siècle suivant, il passa aux mains des sires d'Oingt. L'un d'eux, Etienne d'Oingt, accorda une charte de franchises aux habitants de sa seigneurie, au mois d'avril 1262 (n. st.). En 1288, les d'Albon succédèrent, par alliance, aux sires d'Oingt. Une autre alliance transmit Châtillon à la famille de Balzac, au milieu du xvᵉ siècle. Claude Léviste, veuve de Geoffroy de Balzac, l'apporta en dot, en 1516, à son second mari, Jean de Chabanne, qui mourut glorieusement à la bataille de Rebec (1524). Châtillon fut possédé ensuite par les familles Robertet, Camus, Dufournel, Inguimbert de Pramiral et Durand. Simon-Jean-César Durand en était seigneur en 1789. Sa fille, Antoinette Durand, apporta cette terre en dot à Pierre Anne, marquis de Chaponay, seigneur de Morancé, premier page de la comtesse d'Artois en 1780 et lieutenant-colonel de cavalerie sous la Restauration. Leur fils aîné, César-François, marquis de Chaponay, a possédé jusqu'à sa mort, arrivée en 1881, ce qui reste du château de Châtillon.

A côté du château se trouve une belle chapelle romane du xiiᵉ siècle, que signale au loin son clocher à flèche aiguë, et qui a été classée au nombre des monuments historiques. On remarque, à l'extérieur, son abside en encorbellement et sa façade, bâtie à la fin du xvᵉ siècle, dans le style ogival de cette époque. A l'intérieur, ce monument est divisé en deux étages par un simple plancher. La chapelle supérieure, dédiée à saint Barthélemy, servit d'église paroissiale jusqu'en 1722. La chapelle supérieure, placée sous le vocable de Notre-Dame de Bon-Secours, était réservée à l'usage du château. On y remarque un bénitier de style roman, portant une curieuse inscription en grec, une fresque du peintre Lavergne, représentant Notre-Dame de Bon-Secours, soulageant les douleurs des malades et des affligés, le maître autel, décoré de remarquables peintures d'Hippolyte Flandrin, une statue de la Vierge, en marbre, due au ciseau du sculpteur Fabisch, et dans un oratoire, à gauche de la nef, la pierre tombale de Geoffroy de Balzac, seigneur de Châtillon et *premier varlet de chambre du roy Charles VIII*, mort le 9 janvier 1509. —(V. pour de plus amples renseignements la notice que nous avons publiée sous ce titre : *Le château de Châtillon-d'Azergues, sa chapelle et ses seigneurs.* — Lyon. Aug. Brun, libraire. 1883. In-8°.)

CHESSY. (6 kil.) — Dès la fin du xe siècle, Chessy devint une dépendance de l'abbaye de Savigny, qui fit entourer le bourg d'un mur d'enceinte et bâtir le château qui le domine. De ce château il subsiste encore des restes importants, et notamment une belle tour à six étages, de forme cylindrique. En 1272, Amédée de Roussillon, abbé de Savigny, concéda à ce bourg une charte de franchises, qui ressemble sur beaucoup de points à celles qu'Etienne d'Oingt avait accordée à Châtillon, dix ans auparavant. L'église, construite en 1485, se trouve dans un assez bon état de conservation. Elle est à trois nefs et éclairée, du côté du midi, par de larges fenêtres du style flamboyant. Le porche, placé devant la façade, est supporté par des colonnes du XVI° siècle. A l'intérieur, on remarque un fort joli bénitier, dans le style de la Renaissance, qui se compose de quatre colonnes torses, reposant sur un piédestal et supportant une vasque octogonale, d'une forme assez élégante. Une inscription gravée autour de cette vasque nous apprend que ce bénitier fut fait, le 30 janvier 1525, par *Jehan Gerba, masson de Cheyssi.* C'est près du château de Baronnat, l'un des deux anciens fiefs du pays, que se trouve une des mines de cuivre les plus importantes de France. Cette mine, que posséda Jacques Cœur au XV° siècle, était exploitée déjà du temps des Romains.

COURBEVILLE. (7 kil.) — Le château de Courbeville, à Chessy, était, au XVII° siècle, l'habitation la plus pittoresque de la vallée de l'Azergues. Aujourd'hui il n'en subsiste plus qu'un corps de bâtiment, surmonté d'une tour ronde et portant encore, au sommet de sa façade, les consoles de ses anciens mâchicoulis. Ce château fut possédé d'abord par la famille chevaleresque de Varennes, dont plusieurs membres prirent part aux expéditions des croisades. Etienne de Varennes, son premier possesseur connu, vivait en 1272 et en fit hommage en 1294. Il le transmit à son neveu, Henri de Varennes, qui testa en 1355, et dont les descendants le gardèrent pendant près de trois siècles. Jean de Varennes, l'un d'eux, écuyer de Jean, duc de Bourbon, fut nommé gouverneur de Thizy, en 1473. Après Antoine de Varennes, mort en 1615, Courbeville fut possédé par la famille de Saillans, qui le vendit, en 1586, à Gaspard

Cachot. Du fils de ce dernier, Charles Cachot, échevin en 1714, il passa à Jean Gardel, qui en fit hommage en 1725. Après avoir été possédée pendant quelques années par Jacques Courtois et ses descendants, cette terre fut acquise en 1772, par Pierre Guilloud, qui en rendit hommage en 1777 et la céda, à son tour, à Gabriel Bedin, au commencement de ce siècle.

DORIEUX. (10 kil.) — Dorieux, autrefois Deurieux, doit son nom à sa situation au confluent de la Brevenne et de l'Azergues. Mais il n'a conservé de son importance passée que les ruines de son vieux pont et le souvenir de son ancien monastère.

C'est sur ce pont, de construction romaine, que passait autrefois une voie antique fort importante, qui portait le nom de voie des quadriges (*via quadrigarum*). Remplacé depuis longtemps par un pont moderne, il n'en subsiste plus qu'une belle arche, remarquable par sa hardiesse.

Au commencement du XIIIᵉ siècle, Guichard d'Oingt, seigneur de Châtillon-d'Azergues, fonda à Dorieux un monastère de Bénédictines, destiné aux dames de noble famille. Mais, au XVIIᵉ siècle, ce couvent, ayant perdu tous ses revenus et ne comptant plus que quatre religieuses, fut réuni, en 1636, avec tous ses biens, au monastère de Sainte-Marie de l'Antiquaille. Il ne reste plus, aujourd'hui, aucune trace des bâtiments de ce monastère, non plus que de son église, dédiée à saint Jacques et à saint Philippe, qui avait encore rang de paroisse à la fin du XVᵉ siècle.

MALADIÈRE (la). (3 kil.) — Sur la rive gauche de la Turdine et sur la route conduisant de la gare de Saint-Romain-de-Popey à Sarcey, on remarque un petit oratoire, placé sous le vocable de Notre-Dame de la Maladière. Cet édicule nous rappelle une ancienne léproserie, qui existait autrefois sur son emplacement. Au moyen-âge, la maladie de la lèpre était si répandue en France, qu'il fut construit 2.000 hôpitaux pour servir d'asile aux lépreux, qui étaient impitoyablement séparés du commerce des hommes. Mais aucun de ces hôpitaux n'a subsisté jusqu'à nous. L'horreur qu'inspirait la maladie de la lèpre était si grande que, lorsqu'elle disparut, personne n'eût osé se servir des bâtiments dans lesquels avaient été renfermés des lépreux. Partout ils furent entièrement démolis, et c'est ainsi qu'une simple croix, comme à Millery (Rhône), ou un humble oratoire, comme à Saint-Romain-de-Popey, nous ont seuls conservé le souvenir de ces établissements charitables.

MIOLAN. (7 kil. 400ᵐ.) — Miolan n'est plus, aujourd'hui, qu'un humble hameau de la commune actuelle de Pontcharra. Mais au temps de la Gaule indépendante et même sous la domination romaine, c'était un de ces *Mediolanum* où se réunissaient, à des époques périodiques, les délégués des populations voisines, pour délibérer en commun sur les intérêts du pays. Autrefois la voie romaine, appelée plus tard la voie française, passait à Miolan, et la découverte qu'on y a faite de constructions romaines et de divers objets antiques a confirmé l'importance qu'avait autrefois cette localité. C'est là, d'ailleurs, qu'on doit placer la station de *Mediolanum* qui figure, sur la carte de Peutinger, entre Lyon et Roanne, comme l'a démontré, par le calcul des distances, M. Vincent Durand, dans un savant travail. publié dans le premier volume des Mémoires de la Société de la Diana.

PÉAGE (le). (1 kil.) — Le Péage n'est plus actuellement .qu'une simple ferme. Mais les tours qui flanquent aux quatre angles cette ancienne maison-forte et son enceinte rectangulaire, apprennent déjà aux visiteurs qu'elle eut une certaine importance au temps de la féodalité. A la fin du xie siècle, ce n'était qu'une simple maison des champs, que Gausmar de Varennes, possesseur du fief de ce nom, avait fait bâtir pour abriter ses troupeaux, et qui fut transformée en une véritable forteresse par son fils, Etienne de Varennes, pour molester l'abbaye de Savigny et percevoir, sur les voyageurs et les marchandises, un droit de péage auquel cette construction militaire doit son nom. On a vu le rôle important que joua le Péage pendant la longue querelle qui s'agita entre l'abbaye et Etienne de Varennes. La démolition ordonnée par la sentence arbitrale, qui mit fin au différend, n'avait pour objet que les fortifications élevées par ce dernier, depuis l'hommage rendu par son père à Savigny. Et c'est ainsi que cette ancienne maison-forte a subsisté jusqu'à nos jours.

Le principal corps de bâtiment, servant d'habitation, a été reconstruit, en 1587, dans le style de l'époque, comme nous l'apprend la date gravée sur l'une des portes d'entrée. C'est aussi à cette même époque qu'appartient une cheminée monumentale, dont le manteau est supporté par deux belles colonnes engagées, que couronnent des chapiteaux feuillagés. La pièce dans laquelle existe cette cheminée, est une de ces vastes salles, comme il en existait dans tous les châteaux féodaux, qui étaient le centre, le local commun, où le maître du manoir recevait ses vassaux et prenait ses repas.

Sur le linteau d'une porte, faisant communiquer cette salle avec une pièce voisine, ont été peintes les armes des d'Albon : *de sable, à la croix d'or*, avec celles des Damas : *d'or à la croix ancrée de gueules*. Ces armoiries, qui nous révèlent une alliance, sont celles de Gaspard d'Albon, chevalier, marquis de Saint-Forgeux, baron d'Avauges, seigneur de Vindry, de Varennes, de la Grange et autres places, nommé maître de camp d'un régiment de pied en 1635, qui épousa, le 17 janvier 1646, Françoise Damas de Thianges, et mourut en 1683, après avoir passé la plus grande partie de sa vie au service du pays, dans les armées du roi.

POPEY (MONTAGNE DE). (6 kil.) — Cette montagne, qui domine le village de Saint-Romain-de-Popey, et qui se fait remarquer par sa forme conique, assez régulière, s'élève à une altitude de 606 mètres. En 1203, Richard, abbé de Savigny, en fit cession à Guichard IV de Beaujeu, avec la faculté d'y construire un château-fort, pour l'entretien duquel il fut attribué à ce dernier les revenus de Saint-Romain et d'Ancy, des biens à Vavre et la moitié de la dîme de Bully. Cette forteresse devait compléter le système de défense qui protégeait l'abbaye de

Savigny et se composait des châteaux de l'Arbresle, de Mombloy, de Sain-Bel et de Montrotier. Ce château a été démoli à une époque inconnue ; mais il en subsiste encore des substructions assez importantes.

SAIN-BEL. (6 kil.) — Sain-Bel *(Sanum Bellum)* doit son nom à la salubrité de son territoire, en même temps qu'à l'agrément de son site. L'abbaye de Savigny fit élever son église au xie siècle. C'est à elle aussi qu'est due la construction de son château, qui devait, à l'origine, servir à la défense du monastère, mais qui devint, à compter du xve siècle, la maison de plaisance des abbés. Les habitants de Saint-Pierre-la-Palud, de Sourcieux et de Chevinay étaient tenus à la garde et réparation de ce château, en vertu d'une sentence du Parlement de Paris, de l'année 1381. En 1415, Guichard d'Albon reçut du bailli de Mâcon, au nom du roi, l'ordre de fortifier le château de Sain-Bel et d'y mettre garnison, pour réprimer les déprédations commises par les Anglais et les Bourguignons qui désolaient le pays. Dans l'une des vastes salles de ce château, on remarque une cheminée monumentale. Au commencement du xviie siècle, le peintre Stella avait décoré plusieurs de ces salles de scènes bibliques, aujourd'hui effacées. Les mines de cuivre de Sain-Bel ont été exploitées, au xve siècle, par Jacques Cœur, comme celles de Chessy.

SANDARS. (8 kil.) — Cette ancienne maison-forte, située sur la route de Châtillon à Chessy, se fait remarquer au loin par son élégante tourelle. Son plus ancien possesseur connu, Etienne de Varennes, vivait en 1272.

Son fils, Jean de Varennes, qui lui succéda, en rendit hommage, en 1302, à Guy et Guillaume d'Albon, seigneurs de Châtillon, du chef de leurs femmes, Marguerite et Eléonore d'Oingt, sans tenir compte des droits de suzeraineté d'Henri d'Albon, héritier des droits qu'André d'Albon, leur père, possédait sur la terre de Châtillon. Cet oubli fut considéré par Henri d'Albon comme une offense, dont il demanda réparation les armes à la main. Guy et Guillaume armèrent, de leur côté, leurs vassaux et leurs amis, et les deux partis en vinrent aux mains. Henri d'Albon fut vaincu et son fils aîné, Simon, fait prisonnier. Mais des amis communs s'interposèrent et parvinrent à terminer le différend par une transaction.

Sandars demeura aux mains des de Varennes jusqu'au milieu du xv⁵ siècle, époque où il passa à la maison de Faverges, qui possédait aussi la seigneurie du Breuil. A cette famille succédèrent les Rébé, qui étaient seigneurs de Sandars à la fin du xvi⁵ siècle. Un siècle plus tard, ce fief avait passé aux mains de Jean Gaspard, qui le céda, en 1691, avec Châtillon et ses autres terres, à Maurice Dufournel et, depuis cette époque, il ne cessa point d'appartenir aux seigneurs de Châtillon.

SAVIGNY. (4 kil. 700ᵐ.) — Bâti en amphithéâtre, dans un gracieux vallon, arrosé par le ruisseau de Trézoncle, Savigny fut habité dès l'époque romaine, comme en témoigne un beau cippe antique, placé à l'angle d'une maison de la place de ce village. Mais cette localité est surtout connue par sa célèbre abbaye de moines bénédictins, fondée au vii⁵ ou au viii⁵ siècle, et déjà florissante sous le règne de Charlemagne. En 939, ce monastère fut saccagé par les Hongres. Mais, après ce temps d'épreuve et pendant tout le cours du moyen-âge, Savigny parvint à un haut degré de puissance et de richesse. Enrichi surtout par les nombreuses donations déterminées par la terreur qu'inspirait l'approche de l'an mille, il fonda de nombreux prieurés dans les provinces du Lyonnais, du Forez et du Beaujolais. Les principaux étaient ceux de Courzieu, de Montrotier, de Tarare, de Ternant, de Mornant, d'Ancy, de Marcy-sur-Anse, d'Arnas, de Saint-Nizier-d'Azergues, de Saint-Clément-sur-Valsonne, de Randans, de Salt-en-Donzy et de Noailly. Le prieuré de Talloires, sur les bords du lac d'Annecy, dépendait aussi de Savigny.

La décadence de l'abbaye commença, au XVIᵉ siècle, quand elle fut gouvernée par des abbés commendataires, non tenus à résidence. Elle était presque consommée quand, en 1780, une bulle du pape, précédant de bien peu d'années la Révolution, partagea ses biens entre les monastères de religieuses de Leignieu, d'Alix et de l'Argentière.

Des trois églises que possédait autrefois Savigny, il ne subsiste plus aujourd'hui que celle de Saint-André, devenue paroissiale depuis la Révolution, mais qui sera prochainement remplacée par une nouvelle église, dont la construction s'achève en ce moment. Cette église fut construite au XIᵉ siècle, mais le chœur, voûté et de style ogival, ne fut bâti qu'au XIIIᵉ siècle. On y remarque un bénitier, orné de curieuses sculptures. Près de cette église existe encore une belle porte ogivale de la maison abbatiale. Partout ailleurs on ne

trouve que ruines et dévastations. De là grande église
de Notre-Dame, élevée au xıᵉ siècle, par l'abbé Dalmace,
il ne subsiste plus qu'un mur de la nef de gauche jusqu'au transept. La tour de l'horloge a perdu sa couronne
de créneaux, la chapelle de la Vierge noire a été transformée en entrepôt, et il faut pénétrer au fond d'une
cour pour retrouver quelques arcades du cloître et
l'abside de l'église de Saint-Martin. Mais ces débris
du passé sont si nombreux à Savigny, et les restes
mutilés de ses monuments offrent tant d'intérêt, qu'ils
suffisent pour nous faire comprendre à quel degré de
splendeur s'éleva l'antique abbaye, et l'influence qu'elle
dut exercer sur les générations du moyen-âge.

TARARE. (14 kil.) — L'histoire de Tarare, comme celle
de nos villages et de la plupart de nos petites villes, ne
commence qu'au xᵉ siècle, car ce n'est que dans une
charte de l'an 954 que son nom apparaît pour la première fois. Ce n'était point alors, pourtant, une localité
sans importance. Tarare était, en effet, à cette époque
le chef-lieu d'une circonscription administrative, appelée *ager Taradrensis,* et l'abbaye de Savigny y avait
fondé un prieuré duquel relevait la seigneurie du lieu.
Pourtant, à côté du monastère, nous trouvons une
famille de nobles feudataires qui, suivant l'usage du
temps, avait pris le nom de son fief ou de son origine.
Mais si cette famille des sires de Tarare fut jamais en
possession de la seigneurie de ce bourg, ce fut à une
époque bien reculée, car les plus anciens documents
nous la montrent possessionnée seulement dans son
voisinage.

Tarare vécut ainsi paisiblement sous la domination
paternelle du monastère de Savigny, jusqu'à la fin
du siècle dernier. Son histoire devient alors celle de
l'industrie qui fait aujourd'hui sa gloire et sa fortune.
C'est à cette époque, en effet, qu'un de ses enfants,
Georges-Antoine Simonet, introduisit à Tarare la fabri-
cation de la mousseline. Ses premiers essais ne furent
point stériles. Après lui, d'autres poursuivirent son
œuvre, et la science moderne leur vint en aide pour
donner à la manufacture de cette ville la perfection que
rêvait son créateur, et qui rend aujourd'hui ses produits
sans rivaux sur les marchés européens.

La population de Tarare, qui s'élève actuellement à
près de 20.000 habitants, n'était que de 1.500 âmes à
la fin du siècle dernier. En 1720 son importance était
bien moindre encore, puisque l'on y comptait seulement
229 feux, c'est-à-dire environ 1.150 habitants. Cette
ville nous fournit ainsi un nouvel exemple du dévelop-
pement rapide qu'acquiert de nos jours une cité, quand
une industrie prospère s'y établit. Comme toutes les
villes dont le passé est récent, Tarare ne possède aucun
ancien monument. Mais ses belles fabriques, son gran-
diose viaduc et sa situation pittoresque présentent assez
d'intérêt pour mériter une visite des curieux et des
étrangers.

BIBLIOGRAPHIE. — Cartulaire de Savigny. — Archives
du département du Rhône. Registre des fois et hom-
mages. C. 397. — Huillard Bréholles. Inventaire des
titres de la maison ducale de Bourbon. — Aubret.

Mémoires pour servir à l'histoire de Dombes. — Guichenon. Histoire de la souveraineté de Dombes. — Le Laboureur. Mazures de l'Isle-Barbe. — Recueil des mémoires et documents publiés par la Société de la Diana. — Revue du Lyonnais. 2ᵉ série, VI. 177 et s. — Debombourg. Atlas historique du département du Rhône. — Album du Lyonnais. — Poyet. Documents pour servir à l'histoire des mines des environs de Lyon. (Mémoires de l'Académie de Lyon. Classe des sciences. Année 1861.) — Gonin. Monographie de l'Arbresle. — Bedin. Le fief de Prosny. — Ogier. La France par cantons, etc.

TABLE DES MATIÈRES

———

I. — BULLY

II. — LES ENVIRONS DE BULLY

10063. — Imprimerie Générale de Lyon, rue Condé, 30.